가난에 대하여

가난에 대하여

범대순 시집

문학들

시인의 말

  1996년 나는 『아름다운 가난』 제목의 시집을 냈다. 궁핍했던 일제 말 나의 소시에 겪은 현상을 연민을 가지고 회상한 것이다. 가난을 더욱 미천하게 만든 자본주의 시대의 오늘 나는 그 반면反面인 청빈淸貧에 대한 선인들의 성숙한 문화에 주목하고 있다.

  청빈은 가난하지 않았다. 시문詩文이 있었기 때문이다. 청빈은 외롭지 않았다. 소신이 있었기 때문이다. 청빈은 자유가 있었고 자연이 있었고 벗이 있었고 사람이 있었고 학문이 있었다. 나라에 대한 진실이 있었고 인간사에 대한 애정이 있었다.

  청빈은 땀이 있었다. 청빈은 고통이 있었다. 청빈은 수행修行이 있었다. 청빈은 연민이 있었다. 청빈은 눈물이 있었다. 은근과 끈기가 있었다. 청빈은 기백이 있었다. 청빈은 분노가 있었다. 청빈은 의로움이 있었다. 청빈은 세계가 있고 역사가 있었다.

  청빈은 사색이 있었다. 청빈은 사상이 있었다. 청빈은 분별이 있었다. 청빈은 가풍家風이 있었다. 청빈은 건강이 있었다. 청빈은 꿈이 있었다. 청빈은 기氣가 있었다. 청빈은 하늘이 있었다. 죽는 날 청빈은 나의 고운 수의壽衣가 되기 바란다.

2011년 가을
범대순

차례

5　　　　시인의 말

제1부

13　　　　새인봉 광사璽印峰 狂士
14　　　　다시 새인봉 광사
15　　　　생활의 발견
16　　　　출가
17　　　　다시 바람재
18　　　　허허
19　　　　무등산 송頌 -석성碩星에게
20　　　　눈에 미친 기운이 가실 때
21　　　　산에는 먼 옛날이 있었다
22　　　　큰비 내린 날의 산행
23　　　　영산강에 지는 해
24　　　　산山 산유山有
25　　　　다시 산하山下
26　　　　바위여 불로 돌아가라
27　　　　가을이 가을인 것은
28　　　　새인봉 설경 -마재숙에게
29　　　　사랑은 기하학처럼
30　　　　하산下山

31	무등산이 시인에게
32	무등산이 불이었을 때
34	월출산 마애여래좌상 송
36	무등산
37	황원걸의 사진 「억새」에 부침

제2부

41	일몰
42	자색의 꿈
43	범종
44	용지龍池
45	말장난
46	오늘이어라
47	푸른 숲길 −송인성에게
48	입춘
49	겨울시인
50	5월 초하루
51	의로움은 햇빛같이
52	가난에 대하여
53	나는 가을이구나

54	겨울밤
55	갈보
56	작고 슬픈 것
57	시인과 도적
58	시간이 가는 소리
59	그 사람
60	좋아서 죽고 못 사는 사람
61	세상
62	너무 아깝듯

제3부

65	자색단장
66	독이 오른 가을
67	배멀미
68	백지白紙
70	다시 백지 –金春洙 선생에게
72	나의 타자를 위하여
73	하여금 봄을 거부하지 못하게 하십시오
74	박용철의 떠나가는 배에 화답함
76	다만 헛소리가 명약이구나

77 단군 할아버지의 거시기
78 옛날 여기 바다가 있었다
80 여름에 지는 낙엽을 위한 환상
81 세종이 나를 버려도
82 내가 사는 동굴
83 나는 거부한다
84 백지白紙를 몰라서 그렇지
　　－이인평의 인물 시 「초연한 선비」에 화답함
85 오늘 그러니까 21세기
86 파안대소의 여진餘震
88 너의 거짓말
89 겨울의 겨울
90 호랑이
91 나는 갈보인가 봐

제4부

95 명사산 월아천鳴沙山 月牙泉
96 무당메모
97 짐승
98 변기 송

99	흰 나비
100	생활의 발견 4
101	생활의 발견 5
102	생활의 발견 7
103	생활의 발견 9
104	미친 사람
105	침묵은 아프리카
106	건너편
107	3000번
108	참새의 수의壽衣
109	나의 밀림密林
110	내가 얼굴에 풀밭을 가꾸는 것은
111	금혼金婚 낙서 1
112	금혼金婚 낙서 2
113	금혼金婚 낙서 5
114	춘곡春谷 모란제牧丹祭
116	어느 폭풍우 치던 날에
117	하늘을 걸어가는 사람
118	의송 선생毅松 先生

123	**담론** 시적 진실인 나의 야성野性 _ 범대순

제1부

새인봉 광사 璽印峰 狂士

새인봉 오르는 길에 진달래꽃을 만나
새인봉에 물소리가 나는가 물었더니

이 가뭄 바위산에 웬 물소리
꽃은 자기만 아는 목소리로
비가 올라나 하면서 하늘을 쳐다보았다

진달래꽃을 따라 산 넘어 하늘을 쳐다보다가
갑자기 나도 꿩처럼 소리치고 싶어졌다

그리하여 산이 울리는 큰소리로
그렇다 이놈아 왜 아니냐
나는 새인봉에 미친놈이다

다시 새인봉 광사

절벽을 뛰어내리려 하니 너무 푸르다
정오의 광기는 추상이구나
태초의 달음박질이어야 한다
다만 파안대소이어야 한다

고독이 그리스이고 로마이듯
순간이 유성처럼 광년이어야 한다
하늘이 아니고 땅이고 허무이듯
순수한 광기이어야 한다

나는 별이 흘리는 피를 보았다
나는 별이 우는 까닭도 안다
그렇게 사월을 배우고
나는 백지를 하늘에 그렸다

4월이여 안녕
안녕은 위대하게 미쳤다
미친 너의 추상에 들기 위하여
여기 새인봉 절벽을 뛰어내리려 한다

생활의 발견

첫눈 내린 날 산 위에서 아이젠을 매기 위하여 끙끙거리는데 젊은이 하나가 가까이 다가와 "할아버지 그 발엔 이미 아이젠이 매어져 있습니다" 우리는 같이 파안대소하였다 예수그리스도, 칼 마르크스 다 아니고 먼 까닭은 그들에게 파안대소가 없기 때문이다 파안대소를 지고 가는 길을 그들은 말하지 않았다 천하가 흔들리는 삶을 그들은 왜 못 보았을까 생각하면서 그들이 미치지 못한 엄하게 있고 질긴 파안대소를 간다

출가

산토끼도 산새도
물소리에 비친 별들도
새인봉 절벽 진달래꽃
약사계곡 종소리의 인연도

잠이든 지 오래련만
멀리 개가 짖고 있다
마음속에서 오래오래
버리지 못하고 개가 짖고 있다

다시 바람재

땀으로 오른 산바람이
푸른 하늘이구나

맑은 물 가람같이
흐르는 사랑이구나

목이 붉은 산새들의
시시나는 사투리

바위에 앉아 있는
시원한 햇빛이구나

허허

큰 눈 내리고
새인봉

허허 그거 참

눈 속에 숨어
없는 듯 있는 약사암
허허 그거 참

붉은 소리만 있고
없는 산새의 푸른 하늘

허허 그거 참

무등산 송頌
-석성碩星에게

우리가 무등산이 좋은 것은
눈을 감아도 그 동서남북
서서 바라보는 자리가 화순이듯 담양이듯
광주 어디 서서 보아도 크고 넉넉함이며

우리가 무등산이 좋은 것은
춘하추동 계절 없이 넘어선
언제나 붉은 빛이 푸른빛이고
옛날이나 지금이나 다만 자색의 꿈

우리가 무등산이 좋은 것은
알맞게 높고 알맞게 가난하고
그 안에 수많은 장단과 고저
역사가 바위가 되고 흙이 된 긴 이야기

평생 단 한번만이라도 원노니
낮에도 별들이 내려와 노는
너덜겅같이 밤에도 태양이 뜨는
침묵이 바로 함성인 큰 사람같이

눈에 미친 기운이 가실 때

 아파트가 섰다 50년 살던 남향을 가로막았다 창안에 들던 푸른 하늘과 같이 구름도 가버렸다 그렇게 여름 내내 우울했었다 그러던 어느 날 버릇으로 아침이면 남을 향해 앉아 있는데 푸른빛이 작게 아파트 벽 사이 낙타가 들 바늘구멍 틈으로 가을 하늘이 창안에 들었다 사건이었다 저만한 푸른빛이면 나의 이상은 더할 것 없다 그날 이후로 무등산에서 만난 높고 푸른 하늘이 무섭지 않았다

산에는 먼 옛날이 있었다

산에는 먼 옛날이 있었다
사람보다 호랑이가 더 많았다
귀신이 살았다 전설이 있었다

지금 산에 산새도 울지 않고
그리운 메아리도 살지 않는다
계곡에 물도 흐르지 않는다

소나무는 쓰러져 사람에 묻히고
사람 말소리만 난장같이 두서가 없이
그러다가 해가 가면 묘지가 된다

호랑이도 귀신도 전설도 죽어버린 산
그렇게 다정하던 소나무의 침묵도 가고
찾아가 마음 편하게 누울 자리가 없구나

큰비 내린 날의 산행

큰비 내린 산에서 길을 잃은 시각에
강이 되어버린 물속에 그대로 섰다
화살같이 날아다니는 번개도 가깝다

쏟아지는 큰비 속에 어둠이 들면서
나무뿌리가 거꾸로 서는 것이 보인다
벼락을 미리 알고 우는 바위도 있다

생을 어떻게 마감할까 생각한 적이 있다
생을 마감하는데 이보다 더 좋은 기회이랴
그런데 아닌 자기의 속마음이 거기 있었다

산 말고 들에서 거리에서 마치고 싶구나
바람 번개 벼락 말고 사람 앞에 있고 싶다
아니게 죽더라도 사람 앞에서 죽고 싶다

영산강에 지는 해

하늘에 한 점 뜬 구름이 내려와
푸른 강물 속에 없는 듯 있다
가을바람에 지는 단풍 하나같이
물위를 나는 노란 새같이 운다

그동안 너무 사나운 세월이
그동안 너무 사나운 사연이
그동안 너무 사나운 서울이
그동안 너무 사나운 사람이

아름다운 강물이 무섭지 않구나
반짝이는 햇빛이 무섭지 않구나
가다 마는 돌팔매가 무섭지 않다
거기 지는 해가 무섭지 않다

바람이 바람이고 낙엽이 낙엽인 석양
너무 푸르고 너무 높은 하늘의 하늘
같이 높고 같이 푸른 물 물 가까이
없는 듯 있고 비로소 영산강 강물이구나

산山 산유山有

평생 무등산을 그 이름으로 높이 외친 적이 없지만
그러나 배고픈 다리 뒤로 걸어도 너무 아름다운 이름
새인봉에 쉬면서 그리고 새삼스럽게 새인봉이구나
가을이 깊은 탓이랴 한사코 이름을 소리 내고 싶었다

우로 용추폭포를 높이 좌로 증심 계곡도 같이 외쳤다
하늘 우러른 탓이랴 고개가 겨운 중머리재 억새들
나도 겨운 장불재에 이르러 너무 먼 당신을 보았다

규봉에 쓰러져 보는 푸른 허공이 닿듯 가까이 있다
지공 너덜겅 바위 위에 쏟아져버린 나의 돌맹이들
그리고 원효 계곡으로 내려오면서 비틀거리는 생애
실낱같은 명줄이 종소리같이 끊이지 않고 따라왔다

다시 산하山下

두시언해杜詩諺解를 읽다가
책을 덮었다
그리고 눈을 감았다
보이는 것이 있었다

뜰에 나가 국화꽃을 보다가
고개를 숙였다
그리고 눈을 감았다
보이는 것이 있었다

흐르는 세월을 생각하다가
흐르지 않은 사람을 생각하였다
그리고 눈을 감았다
보이는 것이 있었다

사람의 시간은
큰 산 산하山下같이
보이는 것이 있다
눈을 감으면 더욱 크게 보이는 것이 있다

바위여 불로 돌아가라

넓은 동해바다에 하얀 돛배와 먼 수평선
여름에도 겨울에도 봄같이 예쁜 갈매기들
불지 않은 폭풍우 물구나무서지 않은 물
그를 아름답다고 말하는 너는 너무 착하구나

히말라야 K2봉을 오르다가 조난한 사람 때문에
며칠이고 마음 아파하는 고운 마음을 너는 지녔다
가을 하늘 흐르는 구름을 우러러 예쁜 노래 부르며
향하여 다가서며 미소 짓는 네가 왠지 너무 멀구나

너무 조용한 대륙 더 조용한 사람들 그래서 더욱
아닌 세상에 지진도 없으면 무슨 놀이가 있느냐
백두산 한라산 지리산 모든 사화산은 다 일어나라
무등산의 너덜겅이여 바위여 모두 다 불로 돌아가라

가을이 가을인 것은

가을이 가을인 것은
1100고지 산위에 내가 혼자 서있는 까닭만 가지고는
아니구나

억새마을의 중봉 그 고샅을 지나 온 까닭만 가지고는
단풍 사이로 멀리 네가 보이는 까닭만 가지고는 아니구나

지금 북극에 하얀 새끼 곰이 굶고 있는 까닭만 가지고는
푸른 남태평양 조용히 가라앉는 섬들의 까닭만 가지고는

19세기의 심포니 오케스트라도 20세기 광기의 초현실주의도 가버리면
더운 모래의 나라 폭탄을 품고 달리는 소년의 꿈은 누가 기억할거나

새인봉 설경

-마재숙에게

큰눈 내리고
벼랑에 선 노송 긴긴 세월이
흰빛을 같이 회상에 잠길 때

빨간 깃 노란 부리의 산새가
절벽을 향하여
생의 사상 같은 동작을 하고 있다

푸른 기억만을 가지고
너무 멀리 먼 길을
아 헤매는 추상이여

하늘은 없는 듯 맑고
구름 흐르는 일이 혼자이고나
기러기 벗어난 울음 그 허공을 간다

사랑은 기하학처럼

붉은 점
푸른 선
검은 각

격자무늬, 卍자 무늬같이
수직으로 내리는 비 디자인같이
하나이면서 영원히 둘을 그렸다

둘의 사랑은 성좌같이
마음속 끊임없이 닿는 꿈
맑은 소리 수시로 부는 바람같이

사랑은 스스로 설계한 예쁜 기하학
때로 점으로 때로 선으로 때로 모지게
때로 원으로 시간으로 가난으로 나를 가둔다

하산下山

길고 지친 세월같이
그림 속 만장萬丈의 물줄기같이

고개를 들면 너무 먼 하늘
남으로 나는 비행운같이

나의 하산은 수력발전기
강물을 달래면서 노래 부른다

유리잔으로 할까
사기잔으로 할까

그리고 남자와 대문을 열어놓고
동네 무너지게 코를 골아야지

무등산이 시인에게

무등산이 시인에게 할 말이 있다면
품이 넉넉한 무등산이 시인에게 할 말이 있다면

영산강이 시인에게 할 말이 있다면
숨이 긴 영산강이 시인에게 할 말이 있다면

시인도 무등산에게
천 번을 올랐는데 답이 없는 무등산에게 할 말이 있다

시인도 영산강에게
가난 말고 답이 없는 영산강에게 할 말이 있다

무등산이 불이었을 때

무등산이 불이었을 때
무등산은 시인이었다

너덜겅이 불로
살아있을 때

절벽과 돌기둥과
봉우리는 시인이었다

숨결이 하늘에 닿았을 때
먼 바다에 대륙을 일으키고

무등산이 화산이었을 때
그때 무등산은 시인이었다

큰 틀의 침묵이듯 지금은
다만 푸르게 오월이지만

가슴 깊은 곳에 숨은 불같이
어느 날 다시 불나기 시작하면

그때 다시 너덜겅이 불로 돌아가면
봉우리가 절벽이 골이 불로 돌아가면

분노한 화산이여 다시 불로 일어서라
광기의 무등산이여 다만 시로 있어라

월출산 마애여래좌상 송

 삼천배의 인연이 아니고 어찌 감히 여기에 이르리오
 고산고수苦山苦水 월출산 고려 천년의 마애 거불 앞에 선다
 얼굴은 크고 넓은 따 부릅뜬 눈 꼬리는 긴 가람같이
 담은 입 온 누리 온 중생에게 바르게 할 말이 있는 듯

 속을 이긴 결가부좌結跏趺坐 옆으로 흐르는 법의法衣자락
 조용히 가리키는 수인手印의 침묵沈默이 눈부시다
 오른 쪽 무릎 옆에는 순수하고 무구한 동자승童子僧
 재롱을 떨다 웃고 우는 표정을 같이 거기 서서 있음에

 위로 설산雪山 천산天山을 넘어온 자애로움이
 알로 욕심으로 얼룩진 아닌 역사와 강산을 달래듯
 일월성신日月星辰에 닿는 가난하고 깊은 염원念願이
 남으로 멀리 푸른 암벽 큰 불상의 이끼에 살아있다

합장合掌하고 눈을 감으면 스스로 설레는 경이로움
대를 이어 풍진을 살고 있는 허망虛妄이 부끄러워
구름 위 월출산 절벽 마애여래좌상磨崖如來坐像
월출산보다 더 높고 더 크게 더 긴 세월을 앉아 있다

무등산

예쁜 해 뜨는 아침이다가
낮에는 푸른 하늘
밤에는 긴 동화같이

향하여 서 있으면
어머니같이 흙 묻은 젖
그리움같이 백년이 흐른다

가난하고 외로울 때
슬프고 괴로울 때 더 크게 있었다
당신 앞에 작아서 나는 행복하였다

태곳적 산이 시작할 때
화산이 서서 춤춘 이후로
거기서 나서 거기서 자란 우리들

빛을 같이 꿈을 같이 내일을 같이
불을 다독이고 달래면서 무등산은
밤하늘에 별을 만들어 가고 있다

황원걸의 사진 「억새」에 부침

무등산 가을 하늘에
해가 기울고 있다

구름 위 서석대
선바위를 뒤로

중봉 아래 억새들
자색이 이는 바람결

길게 오솔길
멀리 사람이 가고 있다

제2부

일몰

흙의 하늘은 이미 뒤가 멀다
넓고 긴 푸른 강같이
아름다운 도시의 노랫말같이
할머니의 타고난 눈물같이
그리스의 돌과 돈황 막고굴의 모래같이
허무한 것의 끝자락을 비로소 알 것 같아
숨이 가쁜데
그것을 알고 새가 해같이 서산을 간다

자색의 꿈

 나는 바위가 무엇을 생각하는지 안다 마을을 멀리 산에 석양이 가까울 때 힘겹게 올라온 산 그 옆에 아직 작게 있으면서 나도 바위같이 다만 푸른 머리 위로 일월성신의 자색을 향하고 싶다

범종

눈 내리기 전 푸른 하늘로 산새는 구름이었다
내려와 나뭇가지에 앉지 않았다
원효사 범종은 바위같이 울지 않았다
이윽고 눈이 내리고 눈보라에 산새가 죽었다
산새가 죽자 범종은 길게 오래 울었다
종은 오로지 죽은 자를 위하여 운다
그래서 산새는 종을 위하여 죽었나보다

용지龍池

좌로 우로 다시 좌로
고개 숙이고 지난 시간을 걸으니
마음이 구름이구나

자색 멀리
너의 오늘을 찾아옴에
그리움은 큰 바다이었다

해와 새와 산야가
사랑을 만나
사람이 되듯 역사가 되듯

용지여
너는 키 큰 화산이거라
일어서는 천하이거라

말장난

가난은 나의 공화국이다
나의 공화국에선
거시기가 북소리다

겨울은 나의 공화국이다
나의 공화국에선
거시기가 하늘을 만드는 깃발이다

거시기는 언제나 금수강산
거시기는 언제나 만경창파
거시기는 언제나 푸른 하늘

가난은 나의 공화국이다
나의 공화국에선
거시기와 더불어 겨울이 거시기같이 산다

오늘이어라

오늘이어라
내일도
오늘이어라

오늘이어라
어제도
오늘이어라

오늘이어라
하늘도 땅도
오늘이어라

오늘이어라
우리 다 다
오늘이어라

* 주: 일본 거주 조선족 할머니에게서 채집한 고려 때부터 전해온 민간 축수의 노래에서 연유함.

푸른 숲길
―송인성에게

숲길을 걸으면
아직
기적 소리가 남아 있다

유성같이 흐른
두 줄의 인연이
꽃이 되고 새가 되었다

푸른 터널
그 안에 높은 산 긴 강물
그리고 아름다운 가난

숲길을 걸으면
없는 듯 사는 삶
아니다 외로움이 아니었다

* 광주 폐선 부지에 송인성 등 뜻있는 사람들이 푸른 숲길 조성 운동을 일으켜 그를 성사시켰다. 그 숲길이 열리는 날 나는 시를 써서 그 일을 기억하고 싶었다.

입춘

산자락
고향 마을 새몰
실개천에 아직 얼음이 녹지 않았을 거

앞들 건너편
사람 같기도 한 형상이
아련한 속에 움직이고 있을 거

연 삼일을 내리고 있는 봄비
온돌 사랑방 책상머리에 게으름이
봉창을 열고 빗소리를 보고 있을 거

짧은 일상들이 수없이 사라진 속에
바로 옆에서 새로 늘 시작하는 기운을 일으키며
오늘도 내일의 역사같이 봄비가 내리고 있을 거

겨울 시인

16도 영하에
털을 벗고 서있는
시인의 중심이
붉고 눈부시다

모진 바람에도
여윈 가슴에 흐르는
피어오르는 기운
대륙을 달리는 느낌

나무도 벗고
바위도 벗고
하늘도 구름도 벗고
화산도 벗었다

16도 영하에
색을 벗고 서있는
시인의 뿌리가
오늘의 내일처럼 빛난다

5월 초하루

아내도 놀아주지 않고
강아지도 놀아주지 않고

꽃도 놀아주지 않는데
책이라고 놀아주겠느냐

오월 초하루
하늘이 높고 푸른 날

천년이 살아나는 은행나무 가지에
참새가 꾀꼬리같이 운다

의로움은 햇빛같이

의로움은 햇빛같이
새인봉 절벽 위에서
바람이 되고

의로움은 햇빛같이
영산강 물결 위에서
노래가 된다

봄날 진달래꽃
가을날 국화꽃을
바람이 피우듯 노래가 피우듯

의로움은 햇빛같이
나의 깊은 안에서
그리움으로 피고 있다

가난에 대하여

가난은 하늘이다
푸르기 때문

가난은 바람이다
푸르기 때문

때로 봄비같이
때로 눈보라같이

때로 불같이
때로 절망같이

가난은 강물같이 사랑같이
푸르기 때문

나는 가을이구나

콩 거두다 말고 고구마 밭
맨발로 노래 부르던 가시네

높은 하늘 비행기는 가고 없고
다만 하얀 줄이 남아 흐르듯

멀리 소문난 내장산 단풍
찾아가면 다 저버리고 다 낙엽이듯

산은 산이고 물은 물이고
다 가버린 나는 가을이구나

겨울밤

밤새껏
유리창이
덜거덕거린다

애기가
깊은 잠을 못 자고
뒤적이고 있다

전화라도 할 일이지
어미는
석 달 째 소식이 없다

깊은 밤
할머니가
잠을 못 이룬다

갈보

떡을 좋아하는 사람이
떡보이듯

가을을 좋아하는 사람은
갈보가 아니냐

바람 불고 비가 내리면
하늘이 높고 낙엽이 지듯

마음이 갈보이어야
시도 인생도 같이 있구나

작고 슬픈 것

먹이를 조아먹을 때
참새 한 마리 너무 작고 슬프듯

사람 사는 세상이
너무 작고 너무 슬프다

높고 푸른 오월
대낮에 꾸는 붉은 꿈을 따라가면

물구나무서다 쓰러지면서
거기 비로소 작지 않고 슬프지 않은 것이 있었다

시인과 도적

시인 집에
도적이 드는 것이나

도적 집에
시인이 드는 것이나

둘 다 같이
예술인 것은

둘 다 같이
파안대소이기 때문이다

시간이 가는 소리

시간이 가는 소리는
바람 같기도 하고
파도 같기도 하고

푸른 빛 같기도
붉은 빛 같기도
시간이 가는 소리는

시간이 가는 소리는
별 아래 깊은 어둠을 가는
흰 구름이기도 하고

손잡고 무지개를 가로지르는
너이고 나이구나
시간이 가는 소리는

그 사람

뜰에 참새같이
날마다 만나도
반갑다

하는 이야기
다시 들어도
또 즐겁다

사랑인가
세상이 다
꽃이고 노래이구나

오래 오래
나의 이 속마음
너는 알지 말아라

좋아서 죽고 못 사는 사람

봄 나비가 꽃을 보면
좋아서 죽고 못 살듯

흰 구름이 푸른 하늘을 보면
좋아서 죽고 못 살듯

파도가 큰 바위를 만나면
좋아서 죽고 못 살듯

꿈이지만 만나면
좋아서 죽고 못 사는 네가 그립다

세상

절벽은 물구나무서도
절벽이듯

겨울이 물구나무서도
겨울이듯

사랑이 물구나무서도
사랑이듯

세상은 물구나무서도
세상이 아니냐

너무 아깝듯

별을
별의 이치가 갖기엔 너무 아깝듯

꽃을
꽃의 계절이 갖기엔 너무 아깝듯

젊음을
젊은이가 갖기엔 너무 아깝듯

인생을
사람들이 갖기엔 너무 아깝듯

너를 네가 갖고
나를 내가 갖기엔 너무 아깝지 않으냐

제3부

자색단장

진도 소치의 여름 산과 물은 그의 설경같이 늘 자색
윤동주의 오늘과 하늘이 그렇듯 가까이 볼수록 자색
대영 박물관에 누워 사는 미라가 자색으로 따라다니듯
아침 일어서는 참새소리를 들으면서 가까이 자색을 본다

독이 오른 가을

따라다니는 말 가운데
가을이 깊어 비로소 사람도 순하다는 말
고개는 늘 위 알로 준비되어 있고
웃는 일에 웃고 웃지 않은 일에도 웃고
돌 하나 참새소리 업신여기는 일 없고
미운 역사의 경험도 산이나 물같이 푸르다
그래서 주변 가령 친구 인호는
비로소 큰 세계의 자색을 얻었다고
일부러 가끔 제 놈 각시를 내 옆에 앉힌다
그러나 그는 잘못이다
인호야 나도 놀랐다
가을이 깊으니 스스로 독이 올라
내가 이렇게 독사이구나

배멀미

 나랏일 세상 일로 구토를 한다면 그 뒤로 깃발이 따를 게 아닌가 파도가 구름같이 하늘을 날 게 아닌가 그를 알면서 사는 사람의 배멀미는 그래서 더욱 틀어 오른다 아니게 가는 길 배멀미를 하면서 너무 먼 수평선을 보았다

백지白紙*

* 주: 나의 백지시는 원래 제목도 없었다. 내가 백지라고 부친 것은 편의에 의한 것이다. 다음은 나의 백지시에 대한 간략한 역사다.

1. 1974년 10월호 『현대시학』에 발표한 범대순 소시집 13편 가운데 첫 작품이 백지시였다. 나는 백지에 서명만 하고 소시집 말미에 부친 시작노트에서 백지시가 표현으로서의 한 편의 시이고 또 나의 창작임을 선언하였다. 참고로 말라르메는 백지가 가장 순수한 시의 상태라고 말한 바 있지만 실제로 백지시를 써서 발표한 적은 없다.
2. 나의 백지시는 『동아일보』 1974년 10월 시 월평을 통하여 전봉근이 크게 호응한 바 있다.
3. 그 뒤로 나는 자기 작품 백지시를 지키기 위하여 생애를 걸었다. 1974년 10월 말 전남대학 교수 학술 세미나에서 다시 이를 발표하고 발표 내용은 같은 주 『전남대학신문』에 게재되었다.
4. 1981년 5월 미국 오하이오 데니슨 대학 개교 150주년 기념행사의 일환인 문학작품현상공모에 나는 나의 백지시에 대한 평론으로 참여하여 수상함으로써 백지시를 미국에서 공인시켰고 백지시에 대한 나의 판권주장도 이의 없이 수용되었다.
5. 1987년 8월 나는 출판사 思社硏(사사연. 사장 강태열)에서 『백지와 기계의 시학』이란 제목의 평론집을 출판하여 그 안에 백지시에 대한 그동안의 글을 망라하여 수록하였다. 이 평론집으로 제4회 금호학술상을 수상한 바 있다.
6. 1989년 10월 미국 아이오와 대학 제16차 국제 작가 프로그램에서 필자의 백지시는 국제적 시인 작가 등의 참가자와 일반 청중 앞에서 다시 연출되었고 그를 위한 보완된 평론을 발표한 바 동 평론의 판권은 지금 아이오와 대학이 소유하고 있다.
7. 1998년 5월 출간된 필자의 평론집 『트임의 미학』(사사연)에 다시 백지에 대한 제반 평론 및 에세이를 수정 보완 수록하였다.
8. 위의 관계 평론은 빠짐없이 『범대순전집』 제8권, 제19권 등의 중요한 내용이다.
9. 나의 백지시는 일회성이면서 공간을 초월한 생명이요, 시간을 초월한 생명이기 때문에 과거와 현재 미래를 가리지 않고 언제 어디에 발표된 어떤 백지시도 나는 그를 거부한다.

다시 백지*

—金春洙 선생에게

해를 먹고 일어선 푸른 뭉게구름이 대지를 탐하듯
화산으로 태어난 남극 고래 떼가 히말라야를 탐하듯
나르는 바그다드 도적들이 동방 금은보화를 탐하듯
누구나 탐하고 그리워하는 별나라가 있다

시인이라면 탐하고 그리워하는 백지의 하늘이 있다
그때 나는 나만 그 하늘의 주인이라고 생각했었다
그때 나는 겨울에도 일어서는 뭉게구름인 나이였다
그때 나는 헛것을 보고 유희하는 나이는 아니었다

  백지는 땅을 인 젊은 아프리카의 하늘
  검은 절규의 피로 말하다가 절필하고 그리고
  자기 죽음 앞에 서본 적이 있는 사람
  그것으로도 안 돼 천하에 미치고 어느 날 갑자기 푸른 하늘을 볼 때
  그때 스스로 깨닫고 천둥같이 울리는 파안대소

  나는 안다

푸른 하늘같이 백지는 만인의 것이다
　푸른 뭉게구름같이 남극 고래 떼같이 바그다드의 도적 떼같이
　春洙여 하늘과 백지와 광기를 그대가 알았다면
　누가 그대의 마지막 촛불과 용기를 나무라겠는가

* 주: 이 시는 작고하시기 전 2004년 6월호 『현대시학』에 발표한 선생의 백지시에 대한 화답이다.

나의 타자를 위하여

시멘트 틈에 자란 풀 한포기 다만 남이었지만
우연히 그것을 밟고 나는 정신이 들었다

거리에서 늘 만나는 사람 그저 남남이었지만은
어느 날 우연히 미친 사람을 보고 정신이 났다

검은 구름 사이 너무 높이 너무 멀리 있는 하늘 한 조각
거기서 어느 날 아침 천둥치는 것을 느끼고 나는 광기를 알았다

뜰에 자란 풀 하늘이 버린 하늘 조각같이 버린 사람
그들이 풀이고 하늘이고 사람인 것을 알기까지

8월을 6월을 5월을 4월을 남이 되어 살면서
나는 나도 모르게 갑자기 천둥치고 미쳐야 했었다

하여금 봄을 거부하지 못하게 하십시오

하여금 봄을 거부하지 못하게 하십시오
흐르는 강물을 거부하지 못하게 하십시오
푸른 하늘을 흰 구름을 거부하지 못하게 하십시오
나로 하여금 산에 우는 산새 짐승 소리를 거부하지 못하게 하십시오
나로 하여금 여인의 통곡소리를 거부하지 못하게 하십시오
나로 하여금 친구를 어머니를 이웃을 거부하지 못하게 하십시오
나로 하여금 깃발을 동상을 거부하지 못하게 하십시오
칼 마르크스를 예수그리스도를 거부하지 못하게 하십시오
로마를 그리스를 아메리카를 서울을 거부하지 못하게 하십시오
태어나고 기고 달리고 쓰러지고
나의 기승전결을 거부하지 못하게 하십시오
하여금 나의 봄을 거부하지 못하게 하십시오

박용철의 떠나가는 배에 화답함

'애해 이야
간다 간다 나두야 간다
임을 따라서 아이구 나두야 간다 해' *

나는 아니
나는 아니 아니 이 젊고 늙은 나이를
차라리 눈물로 눈물로 보내

'골짜기마다 발에 익은 뫼 뿌리
주름살도 눈에 익은 아 사랑하는 사람들'
아니다 아니다 그들을 어찌 이대로 버려

'버리고 가는 이도 못 잊는 마음
쫓겨 가는 마음이나 다르지 않다'
그렇고말고 눈물겹도록 그렇고말고

그래도 그래도 나는 아니
죽어도 나는 아니

솔머리 말고는 죽어도 나는 아니

애해 이야
간다 간다 나두야 간다
임을 따라서 아이구 나두야 간다 해

* 광주 용전 들노래 풍장 소리 후렴

다만 헛소리가 명약이구나

나도 물방울 하나 먼지 한 톨 앞에선
나도 한 포기 풀잎 앞에선
입추 지나고 풀섶에 우는 벌레 앞에선
새인봉 절벽 앞에선 나도 우울하다

겨울에 철 아닌 천둥 벼락이 우울하듯
아우슈비츠와 바그다드와
워싱턴 디시와 서울이 우울하듯
여름에 난데없는 눈보라가 우울하듯

춘하추동은 헛소리다
푸른 하늘도 별도 다 헛소리다
꽃도 사람도 세상도 다 헛소리다
그렇게 생각하니 비로소 우울이 잡혔다

헛소리는 명약이구나
피는 꽃에 나비가 명약이듯
푸른 하늘에 흰 구름이 명약이듯
천상천하에 다만 헛소리가 명약이고나

단군 할아버지의 거시기

무등산 산새 소리가 붉은 화산 같다고 말하는 사람도 있고
영산강 저녁 물결이 아프리카 대륙 같다고 말하는 사람도 있다
그렇게 헛소리를 작정한다면 어디 못할 말이 있겠나
나의 마음속에서 무등산은 영산강같이 단군할아버지의 거시기다

옛날 여기 바다가 있었다

옛날 여기 바다가 있었다
한 소년에게 태평양으로 보이는 물이었다
사시사철 붉은 파도가 살아 일어나고
그 해변에는 오천년 같은 숲이 있었다

바다 안에 춤추는 해와 노래하는 흰 구름
해와 구름 사이로 손에 닿는 하늘 그리고 꿈
더 들여다보면 천년 그리고 백두산의 역사가
멀리 히말라야 산맥에 그리스 로마에 닿았다

하늘에 구름을 가두는 일만큼이나 위대한
넓고 넓은 들에 물을 가둔 위대한 사람들
그들의 손으로 흙은 물이 되고 물은 사람이 되고
사람은 노래가 되고 노래는 세계가 되었다

소년의 눈에 살아있는 그 바다를 돌려다오
하늘에 푸른 구름을 밤하늘의 은하수를 돌려다오
아름다운 옛날 그 소년이 가버리면 누가 그리워하나

멀고 먼 여기 바다 같은 광주 경양 방죽이 있었다

* 창작 메모

  경양방죽은 광주시청을 짓기 위하여 메워버린 500년 된 인공 호수였다. 그리고 그 시청도 이제 다른 곳으로 이전했다.

여름에 지는 낙엽을 위한 환상

아메리카 자유의 여신상 높은 여름에 올라
창밖으로 푸른 바다 그리고 멀리 깊은 가을
새 소리까지도 투명한 나의 뜰 노란 은행잎
나의 자유가 낯선 높이에서 너무 어지럽다

남국 쓰나미같이 흐르는 사람들에 밀리면서
자유 아니면 죽음을 달라고 외치던 높은 깃발
자유 말고는 형용도 할 수 없는 높고 푸른 빛
그것이 나의 마음속에서 물구나무서고 있다

사나운 짐승에 쫓기면서 온 몸 땀으로 살아나듯
나는 이방에서 플라톤도 읽고 마르크스도 읽었다
흑백도 읽고 정의도 읽고 월트 휘트먼도 읽었다
읽으면서 나는 늘 푸른 나의 자유를 다짐했었다

그렇게 거룩한 것이 허나 지금은 시력을 잃고
푸른빛인지 아닌지 구분할 수 없는 가운데
가을바람에 지는 작은 나의 뜰 정직한 은행잎
한 여름에 지는 낙엽의 환상이 되고 있다

세종이 나를 버려도

세종이 나를 버려도 이젠 두렵지 않다
공자가 맹자가 나를 버려도 두렵지 않듯

히말라야가 나를 몰라도 슬픔이 아니듯
태평양 화산이 나를 몰라도 슬픔이 아니다

계림동 아침이 흔들리게 우는 나의 뜰 참새들
붉은 해를 굴리듯 나의 속俗을 굴리는 소리

공자여 맹자여 태평양 화산이여 여보 세종이여
당신들이 어찌 나의 이 속俗의 하늘을 알랴

내가 사는 동굴

내가 사는 동굴에는 진달래꽃이 검은 색으로 핀다
내가 사는 동굴에는 구름이 아이를 낳지 않는다
내가 사는 동굴에는 짐승도 벌레도 신발을 신는다
내가 사는 동굴에는 기도도 염불도 검은 색이다
내가 사는 동굴에는 시간이 게처럼 옆으로 간다
내가 사는 동굴에는 사람도 다만 검은 색으로 있다
내가 사는 동굴 광주에는 붉은 나의 절망이 없다

나는 거부한다

나는 예술가 과학자 따위 그 현수막을 거부한다
나는 혁명가 애국자 따위 그 계급장을 거부한다
나는 통장 반장 대통령 따위 스피커를 거부한다
나는 텔레비전 신문 그 미소 그 지식을 거부한다

내가 거부하지 않는 것은 무식한 자의 욕설이다
내가 거부하지 않는 것은 무력한 자의 주먹이다
내가 거부하지 않는 것은 미친놈들의 헛소리다
내가 거부하지 않는 것은 거꾸로 기는 광기다

시인의 짐승 여자의 짐승도 나는 거부하지 않는다
시인의 거시기 여자의 거시기도 나는 거부하지 않는다
시인의 테러 여자의 십자가 그리고 그들의 부활축제
시인의 침묵 여자의 귀신들도 나는 거부하지 않는다

그러나 내가 좋아하는 것은 의미 없는 아우성 같은
그러나 내가 좋아한 것은 그들의 떼죽음 같은 삶
시인이 죽고 풀이 죽고 하늘이 죽어도 모지게 남을
내가 정말로 좋아한 그 벼락 그리고 그 천둥 광기

백지白紙를 몰라서 그렇지
―이인평의 인물 시 「초연한 선비」에 화답함

나의 백지는 소리 없는 절규이다
나의 백지는 소리 없는 광기이다
나의 백지는 그래서 언제나 붉다
그래서 나의 백지는 언제나 천둥이다

그래서 나의 백지는 저주다
그러다 죽는 저주다
죽다가 다시 살아나 다시 만나는 저주
천상천하를 몽땅 저어버리는 저주다

그래서 백지에 다가서면 벼락을 맞는다
천기를 누설하고 성하겠느냐
벼락을 같이 맞자고 다가서니 어이없구나
이 사람아 벼락으로 죽는 놈을 몰라서 그렇지

나 혼자 절규하다 나 혼자 미치다
나 혼자 저주받다가 혼자 죽게 버려다오
죽다가 살아나 다시 만나는 저주의 길을
이 인평이여 같이 가겠다니 정말로 철이 없구나

오늘 그러니까 21세기

닭 우는 소리 애기들 우는 소리가 있었다
집안에 뜰이 있었다 넓은 뒤안이 있었다
동네가 있었다 골목에 긴 담장이 있었다
열린 대문이 있었다 거기 햇살이 있었다

이웃이 옆에 있지 않고 위아래에 있으면서
하늘과 물을 방안에 가두기 시작하면서
산과 들을 그림 속에 주리기 시작하면서
춘하추동이 방안에 순서 없이 자리하면서

눈 크고 코 큰 다른 사람이 좋아지면서
조선말이 외국말에 기죽기 시작하면서
더 멀리 배우고 공부하고 똑똑해지면서
어머니보다 기계가 안방주인이 되면서부터

남극에서는 사람들이 집을 짓고 기를 세우고
북극에서는 얼음이 녹고 새끼 곰들이 굶어죽고
실속이 쓰나미같이 히말라야에 다가서면서
미움은 천기天機 같이 높고 푸른 하늘이구나

파안대소의 여진餘震

  실개천 잠자리 원색 두 눈이 어느 높은 이름보다 더 푸르다
  산 같은 책보다 야생 소나무 숲 가지에 산새와 바람 소리들
  도시의 거리 골목에 맨발벗은 사람들 때로 벌거벗은 아이들
  무등산 규봉 가을이 깊은 억새 사이에 누워 그렇게 생각했다

  산인지 강인지 그것이 역사인지 하늘인지 아니면 사람간인지
  북을 말하는 것인지 남을 말하는 것인지 알 수 없는 사람들
  입 안에는 늘 돌인지 흙인지 사투리인지 욕설인지 가득하고
  익힌 것보다 날것 생으로 먹고 내민 이빨이 붉은 사람들

희면 희고 검으면 검은 단순하고 말이 솔직하면 속마음을 주고
 말이 복잡하면 바보같이 머리가 전혀 안 돌고 못 견디는 사람들
 숙명적인 큰 짐을 지고 잔등을 넘고 그리고 힘이 남는 사람들
 주먹에 심장이 눈 속에 등에 심장 맨발에 심장이 있는 사람들

 오 내일이 내일이고 내일이면서 내일이고 하늘이고 사상인 당신
 당신들 속에서 같이 내가 자식 낳고 비비고 살면서 떠나지 않고
 여기 이렇게 있다가 이제 가을날같이 갈 날을 가고 있는 생애여
 길어보지 못한 길 파안대소로 이제 그 야생을 마감하고자 한다

너의 거짓말

높이 보이는 것
귀하게 보이는 것
실하게 나는 소리
다 아니게 느끼는 까닭이 있더라

칼 마르크스
예수그리스도
히말라야 태평양이
다 아니게 느끼는 까닭이 있더라

생각해보니 바위가 있더라
생각해보니 바람이 있더라
더 생각해보니 짐승이 있더라
더 더 생각해보니 너의 거짓말이 있더라

겨울의 겨울

프로메테우스와 독수리의 까닭이
예수그리스도와 십자가의 까닭이듯

푸른 하늘 구름이 흐르는 까닭에
로마 시저의 죽음이 있었다

순수하고 다만 어두운 밤의 까닭이듯
북극 끝없이 하얀 대륙의 까닭이듯

수없이 죽어야 하는 내일이듯 나의 봄이듯
태초가 있고 말씀이 있는 겨울의 겨울이여

호랑이

시월 지리산 천왕봉에 서서
우리는 백두산을 불렀다
그러나 백두산은 답하지 않았다

장백산 표지를 백두산으로 읽으면서
올라간 백두산은 시장같이
너무 어이없어 눈물이 났다

백두산에 갈 때까지는
할머니의 자수 호랑이같이
마음속에 호랑이는 살아있었다

할머니의 자수 호랑이
그 마음속에 그 불을
나는 백두산에 풀어 놓았다

나는 갈보인가 봐

봄에는 꽃피어서 좋고
가을에는 단풍 들어서 좋으니
붉고 붉은 것은 다 좋은
나는 갈보인가 봐

여름에는 폭풍우가 좋고
겨울에는 폭설이 좋으니
크고 센 것 앞에선 다 벗는
나는 갈보인가 봐

산에 가면 산이 좋고
바다에 가면 바다가 좋으니
높고 넓은 것 앞에선 다 숙이는
나는 갈보인가 봐

아니다 세상이 갈보다
할머니가 말했다
하늘과 땅이 갈보다 갈보이기 때문에
세상이고 하늘이고 땅이고 사람이더라

제4부

명사산 월아천鳴沙山 月牙泉

네가 있기 때문이 아니다 이렇게 사는 것은
말로야 너 때문에 산다고 만년 살고 싶다고 하지
그래서 숨 쉬고 밥 먹고 같이 눕고 하지만
속으론 실은 너 때문에 정말 사는 게 아니다
너를 피하여 중국中國 멀리 명사산鳴沙山 월아천月牙泉에 와
웬일로 그러나 해인사海印寺에서 만난 스님 성철性徹의 느낌은
원수끼리도 같이 이렇게 아름답게 살 수도 있구나
원수야 너와 같이 올 걸 그랬다

무당 메모

 앞에 배운 사람 안 배운 사람이 없고 앞에 있는 사람 없는 사람 믿는 사람 안 믿는 사람이 없고 하고 안하고 간에 높고 낮음이 따로 없다고 중머리 중중머리로 미친 무당 때문에 크게 짐승을 얻고 멀리 아주 가는 시간이지만 할머니는 요즘 그 짐승과 더불어 공자의 하늘이다

짐승

 대낮에도 밤하늘의 별자리 짐승을 같이 살면서 봄에는 매화 가을에 국화의 말 그 차가움의 치마 흰빛을 날리며 산의 바위를 보고 그 앞에 천년 흐르는 물소리를 보고 다시 천년 사람 당신들 말고 하늘 천 따지에 어디 그렇게 미련한 짐승이 또 있습니까

변기 송

 근래 변기에 숨는 일이 많다 변기에 숨으면 전쟁도 새같이 자유롭고 가까이 성서와 논어가 짐같지 않다 변기 위에서는 금같이 언제나 마음이 짐승이다 죽을 때 변기와 헤어질 일이 가끔 걱정이다

흰 나비

봄을 앓다 일어난 뜰에 담 넘어 흰 나비가 왔다
먼저 본 봄 나비 흰빛이면 그해 어른이 죽는다
할머니의 말이었다 나 말고 달리 어른이 없는 집
호랑나비가 아니길 얼마나 다행인가

생활의 발견 4

 전지全紙를 펴놓고 종일을 있다가 다시 눕는다 그렇게 욕심 부려도 도무지 점 하나 찍기가 어렵다 아니다 오히려 누우면 일어서는 것이 있으니 아닌 네가 옳다 말할거나 여름에 비 겨울에 눈이 내리듯 구름이 있고 높고 푸른 하늘같이 하루가 가도 또 백지白紙는 이렇게 전지 그대로 있고나

생활의 발견 5

 늘 해와 별이 아쉽고 춘하추동이 아쉬운 걸음의 전후좌우 천연기념물 같은 나라에 남들은 다 바람이지만 자기는 늘 천둥같이 더러 독으로 더러 아니게 살다 가는, 늘 일어서고 싶었던 그러나 비틀거린 가운데 어느 사이에 이른 나의 터미널

생활의 발견 7

 내의를 갈아입기 위하여 벗은 자기를 보면서 새삼 많이 삭았다 생각한다 어제는 비가 많이 내렸다 산을 내려오는 길 종점 버스 안 스피커가 연방 빛고을장례예식장 광고를 반복한다 그 안에 나만 있었다 평생 가까운 조성술이 E메일로 지난주 며칠 병원에 있으면서 많이 죽음을 생각했다고 썼다 아침에 전화 속 송선영은 말 기운이 전과 같지 않았다 미운 놈들은 모두 다 팔팔한데 겸손한 문도채도 가고 조용한 정재완도 가고 선량한 김재년도 가고 지순한 전철수도 갔다 이 일이 모두 지난 몇 달 안의 일이었다 거울 앞에서 그들과 같이 기념 촬영을 하기 위하여 내가 벗고 있다는 생각을 하였다

생활의 발견 9

열시에 지하철이 생활인 사람이 수시로 고궁
공원을 걷듯 박물관에 들 듯 게시판을 읽듯
봄 여름 가을 겨울 동으로 서로 거리를 가듯
요즘 나는 그들과 희한한 공존을 살고 있다

옛날 같으면 고샅에 토방에 뜰에 토기같이
방이나 벽이나 천장이나 광이나 할 것 없이
미운 정 고운 정 같이 한 연년생 자식같이
없이 산 가족 가운데 쥐와 모기가 있었다

뽐내고 사는 나의 도시 이층집 천장 주인이
밤낮으로 아래를 향하여 시위하고 호령하고
때로 공자처럼 나무라고 노자처럼 가르치고
그들과 같이 사는 나의 현대는 시대착오다

때로 도끼같이 사나운 침 천둥같이 겁나는 소리
시도 없이 찾아와 까닭 없이 나무라는 어른같이
나의 집모기들은 계절이 없는 초절주의 은자같이
그들 앞에 평화를 구하는 나는 다만 백인百忍주의다

미친 사람

미친 사람 가운데 으뜸은
하늘을 보고 웃는 사람이라고 말한 사람도 있고
땅을 보고 웃는 사람이라고 말한 사람도 있지만
그러나 이 나이 보고 듣고 살면서 내 생각하기에
미친 사람 가운데 으뜸은
미친 사람을 보고 웃는 사람이 아니랴

침묵은 아프리카

침묵은 아프리카 땅 끝에 사는 수평선같이
침묵은 히말라야 8000 대낮에도 은하수같이
침묵은 태평양 한 해저에 일어서는 붉은 빛같이
침묵은 5000년 5000년 5000년 그리고 또 5000년
침묵은 거시기 나의 거시기 나의 무등산같이

건너편

어떤 사람의 그림은 건너편이 없다
어떤 사람의 노래가 건너편이 없듯
50년 산을 가고 산의 건너편에 이르지 못한다
50년 시를 쓰고 시의 건너편에 이르지 못하듯
그 건너편이 요즘 때때로 눈에 어른거린다
아름다운 건너편 거기 갈 날을 기다린다

3000번

내가 무등산 하면 무등산은 지리산 하고
내가 지리산 하면 지리산은 백두산 한다
내가 영산강 하면 영산강은 다도해 하고
내가 다도해 하면 다도해는 태평양 하며 달아난다
세상이 왜 그렇게 달아나는지 생각하면 화가 난다
화를 내면서 세상은 헛것 헛것이다 하고 3000번
그러자 그때 무등산 영산강이 세상같이 거기 있었다

참새의 수의壽衣

마침내 참새가 숨이 지는 마지막 순간에
그가 하고 싶고 꼭 해야 할 소중한 말을
새는 오래 전부터 미리 마련해 놓고 있다

거기 가까운 벗들이나 구경하는 날개들이
힘겹게 가는 그의 길을 지켜보고 있을 때
새가 안간 숨을 몰아쉬며 하고 싶은 말은

억울하다도 아니고 더 살고 싶다도 아니다
모진 이 세상 죽게 되어 시원하다도 아니고
평생을 고마웠다도 또 섭섭하다도 아니고

세계도 자연도 시간도 하늘도 날개도 아니면서
숨이 넘어가면서 지르는 기막힌 새의 외마디
오 그것은 거시기 다만 거시기 거시기 거시기

나의 밀림密林

금줄 치고 사당 모시듯 부처님 모시듯
아침 예불 저녁 기도처럼 경배하며
엎드려 삼천 배 다시 엎드려 백일기도
나는 마음속 깊이 밀교를 믿고 있다

그 안에 호랑이 사슴벌레도 있고 꽃도 피고
그 안에 샘도 솟고 물도 흐르고 늪도 고이고
그 안에 죽고 사는 온갖 소리소리 기기묘묘한
그 안에 도둑도 숨고 귀신도 나고 은자도 산다

옛날 동화 속이나 영화 속이나 상상 속이 아닌
보고 만지고 냄새 맡고 때로 피나는 벌건 밤낮
공자나 노자나 찰스 다윈의 뜻하고는 또 다른
생존 양식으로 얼굴 위에 나는 밀교를 설치한다

빈약한 얼굴에 지극히 사사로운 풀을 가꾸면서
마음속으로는 천상천하 그 밀림을 그리워한다
무너지는 오늘을 지키면서 미래로 미래로 가는
자연이여 꿈이여 수염과 밀림과 나의 밀교여

내가 얼굴에 풀밭을 가꾸는 것은

내가 얼굴에 풀밭을 가꾸는 것은
세월의 색동에 아부하지 않기 위해서였다
인생의 깃발에 아부하지 않기 이해서였다
죽음의 종소리에 아부하지 않기 위해서였다

내가 얼굴에 온통 풀밭을 가꾸는 것은
잡초로 세월을 돌파하기 위해서였다
잡초로 인생을 돌파하기 위해서였다
잡초로 죽음을 돌파하기 위해서였다

내가 턱에 볼에 얼굴에 밀림을 그리는 것은
뱃속에 머릿속에 밀림을 느끼는 까닭이면서
부처님의 미소에 밀림을 느끼는 까닭이면서
밤하늘 은하수에 밀림을 느끼는 까닭이었다

큰눈 내리고 다시 모지게 눈보라 치는 속에서
무등산 새인봉 규봉을 지나 지공너덜을 건너
정오 마침내 정상을 광란하는 자연을 만나면서
아 얼굴에 밀림은 하늘의 뜻이었구나 생각했다

금혼金婚 낙서 1

  속으로 사실은 훨씬 속이 검고 넉넉하고 속으로 사실은 훨씬 속이 놀놀해 좋은데 속으로 사실은 속으론 훨씬 더 활활하고 속으로 사실은 더 붉어서 더 생생한데 나는 평생 속俗안에 같이 있어 편하고 나는 나의 씨가 된 거짓과 같이 편하다 나는 내가 타고난 변덕에 늘 후련하고 나는 늦게 배운 위선에도 잘 어울린다 차라리 향 없이 뜬 구름에게 청하라 차라리 철없이 피는 들꽃에게 청하라 차라리 주리를 틀고 앉은 분재에게 청하라 차라리 등이 휜 해묵은 책에게 청하라 아니다 정말로 날로 생으로 있고 싶구나 벗은 채 활활 불로 타면서 춤추고 싶고 죄짓고 싶고 화내고 싶고 죽이고 싶은데 나를 연잎 물방울같이 아니게 하지 마라

금혼金婚 낙서 2

  눈 수술 후 안대를 떼고 맨 먼저 본 것은 거울에 비친 얼굴 검은 것 골진 일흔 살 그동안 이렇게 강산이 무너진 줄도 모르고 안에 다만 노나라 황하를 보고 살았다는 것 눈 하나를 수술하고 그렇게 다 보았으니 가슴속을 수술하면 무엇이 더 보일까 수술이란 아니게 있는 것과의 조우이고나 오늘 아니게 있는 것들을 모두 다 보았다 대기실로 나오면서 기다리던 아내를 향하여 눈 수술하고 먼저 보이는 것이 당신의 흰머리 그리고 당신의 마음 긴 생애를 같이한 시간 이제 당신의 손을 같이 집으로 돌아가는 길 연작燕雀의 푸른 하늘을 그는 보지 않았다 에게 무엇이 높은 산이고 넓은 들인가 죄 없는 헛소리가 얼마나 진실이고 삶인지 칠십의 공자도 이렇게 눈을 수술했어야 했다

금혼金婚 낙서 5

 꽃을 너무 가까이서 볼 일이 아니었다 날개도 너무 가까이서 볼 일이 아니고 사람도 너무 가까이서 볼 일이 아니고 세상도 너무 가까이서 볼 일이 아니었다 흙을 너무 가까이서 볼 일이 아니듯 하늘도 너무 가까이 볼 일이 아니었다 어찌 이렇게 병이 되었는지 알 수 없지만 가까이 보이는 것을 미워하는 맛으로 산다 내가 꽃을 가까이 보고 꽃을 미워하듯 나는 나를 가까이 보고 나를 미워한다 그러니 그리 나를 가까이 보지 말아다오 너무 가까이 보고 나를 버릴까 두렵구나 꽃도 그렇고 날개도 그렇고 사람도 그렇고 세상도 그렇고 하늘도 다 멀리 보기로 하자 보이지 않을 때까지 멀리 보고 더 멀리보고 그리워지면 더 멀리 보고 더 잊어버리자

춘곡春谷 모란제牧丹祭

대문 안은 사철 꽃이 피어 뜰은 봄기운이 가득하리
산에서 돌아오는 길목 나는 늘 그렇게 생각했었다
정말로 좋은 벗인데 과문불입 한 죄가 적지 않더니
오늘에야 비로소 그 허물을 벗는 감회가 붉다

봄의 뜰에 한 송이 꽃이 피면 선비는 책을 덮고
시를 쓰지 않고도 시인임을 기뻐한다 하였던가
고래로 벗들 간 우정은 꽃보다 아름답다 하였으니
뜰에 모란을 피우고 벗들을 청한 뜻 꽃과 같구나

세상이 너무 어지러워 젊은이들 보기가 부끄럽고
무엇이 옳고 무엇이 그른지 혼란스럽기 그지없지만
오늘은 귀한 벗들 여기 모여 더운 우정을 나누니
진정한 봄날 반드시 온다는 느낌 가슴에 일고 있다

한해를 내내 오늘처럼 모란이 피면 얼마나 좋으랴
그러면 그 향기 속에서 풍진을 이길 수도 있으련만
그러나 그 풍진 또한 인생이고 인생의 자연이 아니냐

그 자연 속에 원노니 춘곡春谷이여 화란춘성花蘭春城
으로 있어다오

어느 폭풍우 치던 날에

더운 여름은 여름이 아니라 폭설이 내리는 겨울에 더욱 여름이듯
고구려의 역사가 고구려가 아니라 오늘에 와서 더욱 살아있듯

책을 읽기 위하여 미련한 서실에서 즐기는 것은 책이 아니듯
책이 아니라 너를 향한 참을 수 없이 불타는 마음이듯 미움이듯

불타는 마음이기 때문에 참을 수 없는 바람이기 때문에 눈을 감고
책을 덮고 산을 넘고 바다를 건너고 하늘을 나는 푸른 고독이듯

작은 나의 뜰에 크게 앉은 깊은 가을이 폭풍우를 만난 어느 날
나는 벌거숭이의 여름 그 대낮 속에서 큰 짐승같이 목을 놓았다

하늘을 걸어가는 사람

오월 아침에 하늘을 걸어가는 사람을 보았다
화살이 돌이 미움이 아우성이 달려가는 저 하늘을
그 사람은 입은 것 걸친 것 없이 그리고 맨발이었다

새가 구름이 날아가고 선녀들이 날아가는 푸른 하늘을
꿈들이 날아서 가는 마을 위를 그는 걸어서 간다
제우스가 맑은 날에도 번개와 천둥을 일으킨 하늘

오늘 아침 두 눈으로 하늘을 걸어가는 사람을 보면서
나는 가슴에서 난데없이 천둥치는 소리를 들었다
그때 금빛으로 하늘을 걸어가는 나의 날개를 보았다

의송 선생毅松 先生

강물이 바다를 만나는 큰 목에
고기가 나고 뭇 사람이 모이듯
섬진강蟾津江 남해南海가 같이하는 땅
광양光陽은 시야視野가 넓고 사람이 많다

소시少時에 이미 주변에 알아본 재주
나이와 같이 의義와 격格을 갖춘 가운데
만나면 만날수록 더하는 깊은 느낌
의송毅松은 광양光陽과 광주光州의 빛을 같이 산다

표정과 목소리, 거취를 가리는 나이
사람 만나는 일이 날로 조심스러운데
그래도 나의 석양夕陽에 여운을 느끼는 것은
그 속에 선생先生을 만나는 인연도 있다

 선고先考 한시漢詩의 회동會同에 제題하여 옥고玉稿를 같이
 불효한 사람을 효자로 만든 은혜로움

더하여 같이 동정호洞庭湖 견문과 선인先人의 악양누기岳陽樓記
서실에 걸어놓고 조석으로 나는 선비를 배우고 있다

담론

시적 진실인 나의 야성野性

범대순

　나의 '시 삼백을 일언이폐지詩三百一言以蔽之' 하면 그 것은 야성野性이다. 이는 곧 원시 그리고 짐승 또는 익은 것이 아닌 생것과 같은 단순하고 원색적 공감 위에 자리 잡고 있다. 이것은 나의 시가 근본적으로 문명 비평의 입장을 취하고 있다는 의미이기도 하다. 가령 내가 스스로 대표작으로 자선하는 시「불도우자」「흑인고수 루이의 북」「촛불」(시집, 『흑인고수 루이의 북』 1965), 「용설란」, 「두개골」, 「사월에 우리가 기대하였던 것은」(시집, 『연가 I. II. 기타』, 1972), 「나의 비교」, 「고향에 가서 엿판이나 질거나」, 「나이야가라 폭포」(시집, 『이방에서 노자를 읽다』, 1986년) 「기승전결」(시집, 『기승전결』, 1991) 「새」(시집, 『백의 세계를 보는 하나의 눈』, 1994) 「일편단심」(시집, 『파안대소』, 2002), 「나는 디오니소스의 거시기다」, 「고산고수」(시집, 『나는 디오니소스의 거시기다』, 2005),「산하山下」(시집, 『산하山下』, 2010) 등 이 시들을 보면 바로 그것이 '야성적 이미지'로 쓰인 것임을 알 수 있다. 나의 시 가운데 '사회의식' 또한 인간의 야성적 자유에 대한 억압에 저항하는 것이었다. 또한 시집, 『아름다운 가난』이나 『세기말 길들이기』 등에 나온 고향에 대한 회상이나 자연친화적이고 도가적인 나의 서구 비판적 시풍 또한 인간의 본질적 야성의 또 다른 표현방식이었다. 이 시집 『가난에 대하여』도 그렇다.

나의 생애 가운데 가장 먼저 나를 지배한 사람은 나의 가친이었다. 가친은 자字가 학로學魯로 시골훈장이었고 또 400편의 한시를 남겼는데 그의 시는 예술이라기보다 생활의 기록이었고 두보를 모방한 기승전결에 충실하였다. 그러나 가친의 행동양식과 사고방식은 철저하게 생활 중심적이었고 시인이라기보다 생활인이었다. 가문을 생각하고 자식 욕심이 많고 가족중심이었다. 그런 아버지에게 나는 당신 욕심에 차지 않은 늘 미흡한 자식이었다. 나는 타고난 기질로 심신이 허약하였고 당신에게 신뢰를 주지 못했다. 그 어린 아이를 네 살이 되자 가친은 당신의 사랑에 가두었다. 거처를 같이

한 것이다. 그것은 당신의 독특한 자녀교육 방식이었겠지만 그러나 그것은 나의 정서 불안으로 이어졌다.

내가 가지고 있는 가장 오랜 기억은 무속과 관계가 있다. 나는 이유 없이 늘 아팠다. 요즘 같으면 아동 심리학에서 그것을 설명할 수 있을 것이다. 하루는 몹시 머리가 아팠는데 나는 마당 한 가운데 덕석 위에 어머니와 같이 누웠고 동네 사람들이 소시랑(삼발곡괭이)이며 삽을 들고 주위를 돌면서 '잘구재'를 외쳐 댔다. 잡귀를 쫓는 무속이다. 어머니의 말에 의하면 나의 생명의 불빛은 늘 가물거렸고 그래서 불안하였는데 내가 아프면 어머니는 언제나 무속에 매달렸다. 새벽에 일어나 남보다 빨리 물을 길어와 뒤안 장광에 정한수를 올려놓고 나의 회복을 위하여 손을 비볐다. 손을 비비면서 무엇인가 주문을 외웠는데 그것은 나의 안녕과 관계가 있었다. 어머니의 그런 정성으로 내가 살아남았을 것으로 믿고 있다.

어렸을 적의 나의 기억은 시집 『아름다운 가난』(1996)에 고스란히 들어 있다. 그러나 그 시집은 '신 절구'라는 특이한 보편적 미학에 의하여 고안된 것으로 나의 진정에 대하여 정직하지 못했다. 사실상 어린 나의 불안은 심각한 것이었고 요즘 같으면 정신치료가 필요한 상황이었다. 그런 질환을 앓고 있는 아이가 아버지의 욕심으로 미숙한 상태에서 무리하게 학교에 입학하게 되었다. 따라서 나의 초등학교 생활은 미숙아가 겪은 고통과 관계가 있다. 지금도 기억나는 것은 초등학교 1학년 첫 학기가 끝난 날 선생님은 성적표를 나눠 주시면서 석차를 외우게 하셨다. 학부형들이 대개는 문맹이었기 때문에 성적표 내용을 다만 석차로 파악하는 현상에 대처한 것이다. 그리고 그것을 아이들에게 외도록 하셨다. 그리고 그 여부를 확인한 과정에서 불행히 나와 같이 앉은 친구가 지명되었다. 그는 자기의 숫자를 잊어버렸다. 당연히 그 옆에 앉은 내가 지명되었다. 나는 나의 숫자를 기억하고 있었다. 그리고 선생님에게 분명한 발음으로 71이라는 숫자를 외웠다. 학급 정원 80명 가운데 1학년 1학기 석차가 71등이었던 것이다. 아버지는 그 성적표를 보고 실망하는 기색이 역력하였다. 나는 지금도 아버지가 실망한 그 표정을 잘 기억하고 있다.

  나는 완전히 그 불안에서 벗어나지 못한 가운데 초등학교를 마쳤다. 1944년 중학교에 들어갔지만 나의 불행은 새로운 환경에서도 계속되었다. 1학년 때 기숙사에서나 학급에서 이유 없이 도시아이들의 왕따에 늘 시달렸다. 왕따는 그때도 사춘기의 소년에게 심각하였다. 나는 그런 상황에 대처할 적응력을 훈련받지 못했던 것이다. 나의 불행은 친구들 때문만이 아니었다. 나에게는 혼자서 노는 버릇의 자유도 허락되지 않았다. 일제 말이라 그런 개성은 죄악시되었다. 단체생활이 엄격하였고 우리는 학업보다는 근로동원에 내몰렸고 비행장 건설에 흙 나르기로, 무등산 장작 나르기, 숯가마 나르기 등에 동원되었다. 사실상 학교는 노동 장소로 학습은 거의 하지 않는 이름뿐이었을 뿐, 그런 상황에서 독서할 수 있는 분위기도 아니었다.

그러다가 해방을 맞았는데 해방 후 새로운 시대에 대한 기대는 컸다. 무엇인가 순수하고 솔직한 기운이 충만하였고 밝은 희망이 일고 있었다. 나는 내가 경험한 가장 이상적인 시대를 해방 직후 몇 년 동안의 그 시기였다고 생각하고 있다. 그러나 그것은 짧은 기간이었다. 내가 다닌 광주 서중은 특히 정치적인 현장으로 바뀌었고 혼란과 갈등의 장이 되었다. 일본 제대 출신의 선배들이 선생으로 들어섰는데 그들은 대부분 이상적이고 진보적이어서 그 영향으로 학생들은 많이 좌경되었다. 우리들은 우익학생과 끊임없이 갈등하였고 데모가 그치지 않았고 학생 간 폭력이 난무하였다. 나는 태생이 감상적이고 의심이 많은 아이로 혼자 노는 아이였다. 그러나 새로운 변화에 관심이 많고 떠돌이로 자유를 찾는 아이였고 핑크빛 보헤미안이었다. 말하자면 문학 소년이었다.

그러나 그런 문학 소년을 우익학생들은 좌익으로 의심하였고 그 때문에 불러다가 잘 구타하였다. 그러나 나는 그들의 구타 이유와 달리 사실은 무고한 아이였다. 다만 새로운 변화에 호기심이 있었고 그래서 잘 남의 눈에 띄었다. 거기에 나를 받쳐줄 사람이 없었다. 주위에 좋은 충고자를 만나지 못한 탓에 나의 타고난 문학적 기질은 훈련되지 못했고 나의 독서는 체계가 없었다. 다만 당시의 경향에 따라 정치적인 이론서를 읽었고 비슷한 것으로 믿고 바이런이나 셸리, 하이네 그리고 월트 휘트먼의 번역시에 매달렸다. 나의 시가 많이 사설적인 까닭은 정상적인 문학수업을 받지 못했기 때문이다. 나의 문학 수업은 스승이 없는 독학수준으로 일관성이 없었다. 고삐가 없고 방향이 일정하지 않은 야성적인 것이었다. 이것은 반문화적이고 저항적인 경향이기도 하다.

한국전쟁이 얼마나 부조리했는가는 어느 쪽이건 자기편을 아무리 미화하여도 거짓이다. 전쟁 때 나는 20

살이었다. 어느 쪽이건 좋은 도구로 쓰일 불행한 나이였다. 징병 1기로 소집을 기다리다가 인공을 만났고 인공치하에서는 영어 책을 본다는 이유로 강변에 끌려가 죽을 뻔했고 수복 후 인공치하에서 너무 멀쩡했다는 이유로 죽을 뻔했다. 그러다가 고향 초등학교 교사가 되었는데 그때 나는 비로소 안정을 얻고 정착하였다. 열심히 가르친 좋은 선생이었다. 지금 생각하면 그것이 나의 천직이었던 것이다. 거기서 자기의 갈 길을 찾아야 했다. 일찍 시인이 될 수도 있었다. 그러나 휴전되면서 나는 사표도 내지 않고 거길 도망쳐 무작정 서울로 갔다. 서울이라는 새로운 가능성에 대한 나의 도전에 희망이 있다고 믿었다. 그러나 나에게 서울은 희망의 땅이 아니었다. 아무도 없는 또 다른 들판에 불과하였다. 실내외 온도 영하 16도의 겨울을 겪어야 했고 학비를 마련해야 했고 숙식을 해결해야 했다.

그러나 그 불안 속에서 그를 극복하게 한 정신적 계기가 있었다. 불도우자(불도저)라는 괴물과 조우한 것이다. 1954년 봄 고려대학 서관을 짓기 위하여 정지작업을 하는 미군 불도우자를 생전 처음 보면서 나는 크게 감동하였다. 평생 지게나 소와 같이 자란 나는 불도우자를 보면서 무서운 힘을 보았고 나의 심층에 용솟음

치는 야성을 발견하였다. 거기에서 정답을 보았다. 나라나 겨레가 무력하여 외세로 전쟁을 겪었다고 믿었기 때문에 나는 무서운 힘을 가진 불도우자에서 그 무력을 탈출할 수 있는 힘을 보았다. 나는 3개월 동안 불도우자의 작업 현장에 매료되었다. 그리고 시 「불도우자」를 쓴 것이다. 이는 나의 처녀작이자 대표작이 되었고 그에 대한 창작 과정은 나의 평론집 『백지와 기계의 시학』의 중요한 부분이다.

내가 중학교 때 감명 깊게 읽은 책 가운데 김기림의 『시의 이해』가 있다. 그 속에서 나는 영국시인 스티븐 스펜더의 시 「급행열차」를 만났다. 그 박력과 리듬, 무서운 초인간적 힘과 낭만, 그리고 서정에 감동했었다. 그리고 그 만남이 평생 나의 시와 학문의 방향에 영향을 미쳤다. 그 때문에 대학에서 영문학과를 선택하였고 그에 대한 이해를 넓히면서, 그는 학문으로 또는 시 쓰기로 평생 나의 가까운 벗이 되었다. 훌륭한 영문학자요 나의 시적 기질에 주목한 나의 스승 이호근 교수는 내가 스펜더를 공부하고 싶다고 말씀드렸더니 엘리엇이나 오든보다 스펜더가 더 호감이 가는 시인이라고 말씀하시면서 나의 의도에 동의하셨다.

그래서 나의 석사학위 논문은 스티븐 스펜더의 시에

대한 연구가 되었다. 그땐 유학하기도 어려웠고 자료도 구하기 힘들고 해서 본격적으로 외국문학을 공부하기에는 여건이 좋지 않았다. 그런 속에서 한정된 그의 시와 산문을 읽었고 번역하였고 그와 같이 W.H. 오든에 매달리면서 또 한편으로 시를 썼는데 그 시풍은 많이 스펜더적이라는 평을 받는다. 나의 첫 시집 『흑인고수 루이의 북』은 서정적이고 낭만적이고 단순하고 원시동경의 야성적이고 동물적 힘을 추구하는 정서를 반영한 기계에 대한 시가 있고 사회에 대한 보헤미안적 호소가 있다. 이것은 나의 첫 시집을 위하여 서문을 쓴 조지훈 선생이 지적한 바다.

1972년 나는 지훈의 친구 박목월을 만나 그분의 배려로 제2시집 『연가 I. II. 기타』를 냈다. 그 속에 「신지구론」이나 「사월에 우리가 기대하였던 것은」 등 기계나 사회의식에 대한 초기 시적 집착이 없지 않지만 그러나 이 시집은 불행하게 초기의 야성적이고 참신한 기운을 잃고 그 대신 「용설난」이라든지 「두개골」에서 보인 울안에 갇힌 짐승 같은 안정적이고 지적인 소시민적인 관심의 표현이었다. 나의 소시민적 관심은 사회활동으로 이어졌다. 그 후 15년 동안 나는 시집을 내지 못했다. 나의 70년대는 『현대시학』 등을 통하여 「백지시」 등 너무 기발한 지적 유희에 매달리고 소시집을 내는 등 시 발표가 없지 않았지만은 시 쓰는 일보다 사람을 찾아다 녔고 행사를 찾아다녔다. 세상을 만만하게 여기는 오만에 길들은 것이다.

이 때문에 나는 1980년 '서울의 봄'에 학생들의 비판의 대상이 되었다. 나를 비판한 학생들이 옳았다. 그래서 나는 나에게 '서울의 봄'이 지훈보다 더 큰 스승이라고 생각한다. 그러나 나는 나의 어떤 경험도 나를 형성한 그 일부분이란 신념을 가지고 있다. 사실상 학생들의 비판은 나를 새로운 극복으로 이끈 길잡이와 연결되었다. 나의 경험에 새로운 계기를 마련한 것이다. 80년대 거의 절반을 나는 외국에 유학하였다. 그것은 유배나 망명과 같은 고독한 시기였지만 그러나 그 시기에 책을 읽었고 시를 썼고 번역을 하였고 책을 냈다. 그 80년대에 영국이나 미국 등 현장에서 영국시인 특히 W.H. 오든과 스펜더 등 1930년대 주요시인들을 연구할 수 있었다. 나의 저서 『1930년대 영시 연구』, 『오든 번역시집』, 『스펜더 번역시집』 등이 그것이다. 나의 시집 『이방에서 노자를 읽다』, 『기승전결』, 『백의 세계를 보는 하나의 눈』 또한 나의 80년대에 쓴 시를 모은 것이다.

80년대에 회복한 나의 학문에 대한 열정은 한편 나의 창의력을 울안에 가두었다. 시를 안이한 틀에 맞추기 시작한 것이다. 나의 시를 가두고 오히려 안이하게 한 그 틀이 기승전결이다. 그 울안의 안정 속에서 나는 너무 쉽게 너무 많이 썼다. 그것이 시집, 『기승전결』과 『백의 세계를 보는 하나의 눈』으로 이어졌다. 틀의 안정감은 나의 학문과 창작활동을 자연스럽게 1990년대로 이어갔다. 그 중간에 정년퇴임이 있었지만 나의 정년퇴임은 나의 시 창작이나 학문 연구에 걸림돌이 되지 못했다. 정년직후 16권으로 된 전집을 냈고 이어 1년 미국 에모리 대학에 유학하여 포스트모더니즘에 대한 문학 이론을 공부하였다. 포스트모더니즘에 대한 나의 호기심은 나의 파격적인 신 절구 시집 『아름다운 가난』(1996)으로 나타났다. 그리고 그 파격은 다시 시집 『세기말 길들이기』(1999)로 이어진다. 그것은 나의 평론집 『트임의 미학』의 주요한 내용이다.

  1990년대는 나의 60대로 나를 완성시키는 10년이었다. 그러나 나의 90년대는 너무 기승전결에 매달린 10년이기도 하다. 시는 기승전결을 의식하면서 재작되었다. 생명력이 약화된 위기를 만난 것이다. 나는 기승전결에서 자기를 해방시킬 필요가 있었다. 그래서 나는 산문을 쓰고 그 틀을 깨려 했으나 이 일은 쉽지 않았다. 그 고민은 시집, 『북창서재』와 『파안대소』 속에 잘 나타나 있다. 그러나 끊임없이 새로운 것을 추구하는 나의 타고난 보헤미안적 기질은 마침내 나의 깊은 심층에 숨어 있는 원시적 야성을 깨웠다. 그것이 2005년 시집 『나는 디오니소스의 거시기다』이다. 나는 이 문명비평적인 시집에서 마음껏 원시적 야성을 발휘하였다. 나는 집요하게 나를 세뇌시킨 기승전결에서 탈출할 수 있었고 이 탈출은 가장 파격적이고 가장 야성적이고 자기 파괴적이면서 문화비평적인 싸움이었다. 그 싸움에서 나는 내가 이긴 것으로 믿고 있다.

나는 『나는 디오니소스의 거시기다』가 평생 야성을 찾는 나의 예술을 대표했으면 한다. 그러나 나는 아직도 끊임없이 안이한 문화의 유혹을 받고 있으며 이것은 늘 생활에 대한 실용성과 교차하면서 나의 시적 진실성을 위협하고 있다. 나의 자연 나이는 공자도 누리지 못한 80이지만 그러나 나의 시적 시간은 결코 그 끝부분에 다 있지 않다. 물론 현실적 한계는 늘 나를 춘하추동, 즉 춘추, 세월, 즉 기승전결로 계산하려 하고 있는 것도 사실이다. 기승전결을 간략하게 줄이면 시작과 끝이 된다. T. S. 엘리엇의 시 「사 사중주」의 첫 구절은

'시작은 끝이요 끝은 시작이다'로 시작되고 있다. 이것은 엘리엇이 힌두교의 직관에서 배운 것으로 짐작된다. 나는 가끔 나의 끝을 의식하고 있다. 이것을 힌두교의 가르침으로 풀어보자면 내가 어떤 출발점에 서 있는 것이 되기도 한다. 그 출발점이 원시적 야성이기를 나는 바란다. 나는 이 길이 나를 오래 살리는 길이라고 믿고 있다. 야성 즉 그 생명력으로 나의 과거와 현재 그리고 미래를 하나의 카오스 속에 뒤섞으면서 그것이 하나의 예술로 기억되기를 나는 바란다.

범대순

광주 출생. 고려대 영문학과 동 대학원 등 수학. 시집 『흑인고수 루이의 북』, 『연가 I II 기타』, 『이방에서 노자를 읽다』, 『기승전결』, 『백의 세계를 보는 하나의 눈』, 『아름다운 가난』, 『세기말 길들이기』, 『북창서재』, 『파안대소』, 『나는 디오니소스의 거시기氣다』, 『산하』 등이 있으며, 시론집 『백지와 기계의 시학』, 『트임의 미학』, 에세이집 『눈이 내리면 산에 간다』, 『범대순 전집』 등이 있다. 현 전남대 명예교수. (주)광주(원로)예술인회 초대회장

e-mail | dsbom@hanmail.net

문학들 시선 018

가난에 대하여

초판1쇄 찍은 날 | 2011년 11월 5일
초판1쇄 펴낸 날 | 2011년 11월 11일

지은이 | 범대순
펴낸이 | 송광룡
펴낸곳 | 문학들
등록 | 2005년 8월 24일 제2005 1-2호
주소 | 501-190 광주광역시 동구 학동 81-29번지 2층
전화 | 062-651-6968
팩스 | 062-651-9690
전자우편 | munhakdle@hanmail.net

ⓒ 범대순 2011
ISBN 978-89-92680-53-0 03810

· 잘못된 책은 바꿔드립니다.
· 이 책 내용의 전부 또는 일부를 재사용하려면
  반드시 저작권자와 문학들의 동의를 받아야 합니다.
· 책값은 뒤표지에 표시되어 있습니다.